*A todos los niños aventureros y a mis hijos,
Elías y Sabela.*

*A todos vosotros, nunca dejéis de soñar
con grandes aventuras.*

Blanca Millán

Texto e ilustraciones de Blanca Millán

© SUSAETA EDICIONES S.A.
C/ Campezo, 13 - 28022 Madrid
Tel.: 91 3009100
general@susaeta.com
www.susaeta.com

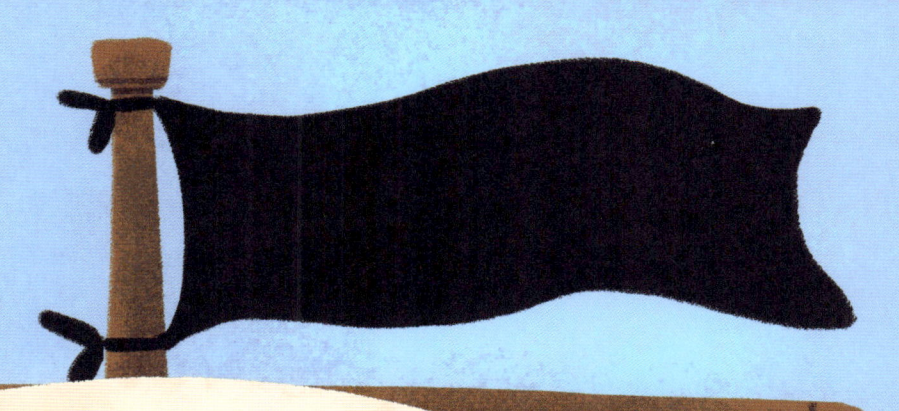

El extraordinario libro de los PIRATAS

ÍNDICE

¿Qué es eso de la PIRATERÍA?

El agua cubre en torno al 70 % de la superficie terrestre, y la mayor parte es todo un misterio. Muchos fueron los que se echaron al mar en busca de aventuras, pero sobre todo de grandes riquezas. Algunos rastreaban tierras inexploradas, otros, nuevas civilizaciones y luego estaban los piratas, que aguardaban el momento oportuno para hacerse con todo aquello que los demás habían encontrado, especialmente si se trataba de oro y piedras preciosas.

Si cierras los ojos y piensas en un pirata, seguro que lo primero que te viene a la mente es un hombre barbudo, con un parche en el ojo, una pata de palo, camisas con chorreras y muchas rayas. Puede que incluso tenga un colorido papagayo sobre el hombro, ¿verdad?

Pues bien, los piratas originales no se parecen en nada a los que vemos hoy en día en la literatura y el cine, aunque hay una cosa que sí tienen en común: su deseo de hacerse muy ricos.

Los piratas eran bandoleros o saqueadores de barcos, es decir, **ladrones del mar.** Su objetivo era atacar otras embarcaciones con el fin de robar el cargamento, aunque algunas veces secuestraban a sus pasajeros para luego pedir un rescate, o incluso venderlos como esclavos.

¡Los piratas llevaban una vida de lo más ajetreada!

¡Qwiero ser PIRATA!

La vida pirata estaba llena de aventuras, pero también era muy peligrosa e incierta. Por ello, no todo el mundo valía para ser pirata. ¿Quieres saber por qué algunos decidían convertirse en piratas?

¡Vamos a descubrirlo!

1 ¡Quiero ser muy rico!

Las historias de grandes piratas que habían conseguido **enormes tesoros** hicieron que muchos soñaran con hacerse muy ricos de un modo rápido y así vivir cómodamente. Sin embargo, pronto descubrirás que la vida de un pirata era de todo menos cómoda y tranquila.

2 ¡No más hambre!

En algunas zonas de la costa era muy difícil sacar adelante los cultivos y, como consecuencia, **la gente pasaba hambre.** Esto hizo que muchos se echasen al mar con el objetivo de coger todo lo que necesitaban por la fuerza.

¡POR LAS BARBAS DE NEPTUNO! ¡QUÉ GALLINA TAN DELICIOSA!

¡ALTO AHÍ, MARINERO DE AGUA DULCE!

3 ¡A por los abusones!

Otros querían escapar de las **malas condiciones** en las que trabajaban como marineros, ya que muchos capitanes de mercantes los trataban con crueldad. De este modo también podrían vengarse de ellos atacando sus embarcaciones y robando la mercancía.

4 ¡Esto es la guerra!

Además, estaban los **corsarios,** un tipo de pirata respaldado por el gobierno de un país para saquear los barcos de países enemigos.

A diferencia de la mala reputación que tenían los piratas comunes, los corsarios eran **muy admirados** por los gobiernos y ciudadanos a los que representaban.

¡OJO AL PARCHE! HE AQUÍ MI PATENTE DE CORSO, FIRMADA POR LA MISMÍSIMA REINA.

Un poco de HISTORIA PIRATA

Los piratas existen desde que el ser humano inventó las embarcaciones para poder navegar por el mar. Desde pueblos muy antiguos, como Mesopotamia o Grecia, hasta la actualidad, los piratas han sido un verdadero quebradero de cabeza.

¡Vamos a conocer a los piratas en las distintas civilizaciones!

Piratas en Egipto

Los egipcios fueron asaltados por diferentes pueblos, como los Shirdana o los Lukka, quienes ya no se conformaban con atacar otros barcos y comenzaron a abordar y capturar ciudades enteras.

Héroes en Grecia

Seguro que alguna vez has oído hablar de Ulises o Jasón, ¿verdad? Pues, aunque eran muy admirados, también ellos cometieron actos de piratería. En la Antigua Grecia la piratería era una profesión válida e incluso admirada, y los que la practicaban auténticos héroes.

Piratas en Roma

Aunque al principio sirvieron de ayuda para abastecer de esclavos al imperio, los piratas llegaron a convertirse en una auténtica pesadilla para los romanos. Había tantos que el comercio marítimo se volvió toda una odisea para los barcos mercantes.

Los vikingos

Cuentan las leyendas que los guerreros de los pueblos del norte eran los más terribles de toda Europa. Operaron en el mar del Norte, el Mediterráneo y el Cantábrico. Sin embargo, eran muy admirados en sus pueblos por su gran fuerza y valentía.

Corsarios berberiscos

Durante siglos, los piratas berberiscos asentados en el norte de África sembraron el terror en el Mediterráneo. Su máximo objetivo era asaltar las naves para tomar a los tripulantes como rehenes.

Mar Mediterráneo

Piratas árabes

Los árabes eran muy buenos navegantes en su época, ¡de los mejores! Su conocimiento de las rutas marítimas por el océano Índico les permitió campar a sus anchas por el mar.

Los bucaneros del mar Caribe

Cuando los españoles llegaron a América y descubrieron todas sus riquezas, comenzaron a trasladarlas en barco hacia Europa. Los piratas vieron aquí una oportunidad de oro para hacerse con todos esos tesoros. Se asentaron en las islas del mar Caribe y se dedicaron a asaltar los navíos mercantes.

¡Sin duda, fue un gran momento para la piratería!

La EDAD de ORO de la PIRATERÍA

Entre los siglos XVII y XVIII, los piratas tuvieron una gran relevancia en todo el mundo. Tanto es así que la mayoría de las historias sobre piratas famosos que han llegado a nuestros oídos se dieron durante esa época.

Pero ¿por qué crees que hubo tantos piratas durante esos años? Todo comenzó con la llegada de los españoles a América y el descubrimiento de innumerables riquezas que comenzaron a transportar hacia Europa. Muchos, viendo la oportunidad de hacerse con todo ese oro y piedras preciosas, decidieron atacar los buques españoles y robar sus cargamentos.

Así nacieron los famosos piratas del mar Caribe.

Océano Atlántico

Inglaterra

Francia

España

Ruta de las Indias

Isla de la Tortuga

Jamaica

La Española

Mar Caribe

1 Los bucaneros, entre La Española y Jamaica

Los **bucaneros** habitaban la isla de La Española, en donde **cazaban cerdos y vacas salvajes** para salar y vender su carne a los marineros. Ellos fueron los protagonistas de los primeros años de la piratería en el Nuevo Mundo.

Cuando los españoles los expulsaron de la isla, **se mudaron a la Isla de la Tortuga,** y allí comenzaron a asaltar navíos españoles para robar su cargamento.

Desafortunadamente, también tuvieron que irse de Tortuga, y **se asentaron en Jamaica,** en donde los ingleses los acogieron. La alegría tampoco les duró mucho en esta isla, ya que los ingleses enseguida se dieron cuenta de la gran amenaza que suponía tener a tantos piratas en su territorio, y terminaron por prohibirlos.

Mar Mediterráneo

Océano Índico

¿Sabías que...?

En el siglo XVII,
un grupo de moriscos españoles
expulsados de la Península se asentó en
territorio marroquí y fundó allí su propia
república pirata: **la República de Salé
o de las Dos Orillas.**

En aquel lugar se hicieron con una gran
flota de barcos y se dedicaron a la
piratería, convirtiéndose en **el terror
del Mediterráneo.** Tan poderosos se
volvieron que las tres grandes potencias
piratas del momento, España, Inglaterra
y Francia, enviaron allí a sus naves para
bombardearlos, aunque no lograron
acabar con ellos.

2 En busca de nuevas rutas

Cuando las cosas se complicaron en
las primeras islas, los piratas buscaron
nuevas aguas en las que poder llevar
a cabo sus asaltos, y comenzaron a
**operar en los océanos Índico
y Pacífico,** en donde aún no existía
demasiado control.

Esta nueva ruta se conoció como
«ronda del pirata» y tanto
bucaneros como corsarios se movían
por ella en busca de riquezas. Durante
estos años, **Madagascar** se convirtió
en el nuevo refugio de los piratas.

Madagascar

3 Un nuevo trabajo

Tras el final de una guerra en la que se
vieron involucrados españoles e ingleses,
cientos de miembros de la armada
británica se quedaron sin trabajo.

Esto hizo que muchos marineros muy
experimentados **probaran suerte
como piratas,** llenando los océanos
y las islas americanas de toda clase de
bandidos. Algunos de ellos, los corsarios,
incluso estaban respaldados por los
gobiernos de su país.

¡Con apoyo, asaltar los navíos de otros
países era mucho más sencillo!

Ronda del pirata

Los distintos tipos de PIRATAS

Aunque el origen de la piratería se remonta a muchos siglos atrás, los años dorados de la piratería fueron los siglos XVII y XVIII.

Como ya hemos comentado, cuando comenzó a extenderse por Europa la noticia de que los españoles habían encontrado oro en América, los mares se llenaron de piratas. Algunos buscaban los cargamentos de los barcos, otros las riquezas de la población, incluso había algunos que se conformaban con saquear los pueblos costeros.

Corsarios

Eran **marineros autorizados,** a través de la llamada **«patente de corso»,** por el gobierno de un país en época de conflictos para saquear los navíos mercantes de países adversarios.

Aunque el corsario era respetado, y hasta admirado en su territorio, para el barco enemigo no era más que un pirata corriente, y como tal era tratado.

Filibusteros

Estos piratas operaron en el mar Caribe durante el siglo XVII. A diferencia de los piratas comunes, los filibusteros no se alejaban de las costas, sino que las bordeaban para atacar a los habitantes de los **pueblos que vivían en ellas.**

Berberiscos

Eran **piratas y corsarios musulmanes** (entre los que se encontraba el famoso Barbarroja) que actuaron principalmente en las costas del norte de África. El objetivo principal de sus ataques era obtener esclavos cristianos con el fin de venderlos en el norte africano y Oriente Próximo.

La patente de corso

También llamada **carta de marca,** era un documento entregado por las autoridades de un territorio al propietario de un navío, autorizándolo a atacar los barcos y poblaciones de territorios enemigos.

De este modo, el corsario se encargaba, de manera autónoma, de armar y gestionar su propio navío y tripulantes y, a cambio de una parte del botín recaudado, recibía **apoyo del gobierno** al que representaba.

La patente era la prueba de que el corsario no era un pirata y, por lo tanto, sus actos no eran ilegales.

Este acuerdo era muy beneficioso, tanto para el corsario como para el país que otorgaba la carta, especialmente **en periodos de guerra,** cuando un territorio necesitaba marinas más fuertes para poder defenderse.

Además, tener corsarios a su servicio fue durante siglos la mejor manera de mantener protegidas las costas de un territorio y sus rutas de comercio marítimo.

Existieron muchos corsarios famosos a lo largo de la historia, pero el más famoso de ellos fue el inglés **Francis Drake,** cuyos ataques fueron una verdadera tortura para la Corona española.

Bucaneros

En su origen eran habitantes de la llamada isla La Española (actualmente Haití y República Dominicana), que se dedicaban a **cazar cerdos y vacas salvajes** para ahumar y vender su carne a los marineros de paso.

Cuando los españoles los expulsaron de la isla, se unieron a la piratería, pero el término bucanero se mantuvo para designar a los piratas del mar Caribe que operaban por esa zona.

LOS PIRATAS MÁS FAMOSOS DE LA HISTORIA

Muchos piratas se hicieron famosos gracias a sus enormes fechorías, sus grandes tesoros o su crueldad en la batalla.

Seguro que tú también conoces el nombre de algún pirata famoso, ¿verdad? Aunque lo más probable es que se trate de algún personaje de ficción sacado de un cuento o una película.

Pues bien, en la realidad también existieron muchos piratas que lograron hacerse famosos gracias a sus habilidades para asaltar, robar, torturar e infundir terror a su alrededor.

¡Conozcamos a algunos de los piratas más famosos de todos los tiempos!

El Olonés
Jean David Nau (1630 - 1669)

Fue un pirata **francés** que se hizo famoso por la crueldad con la que torturaba a todo aquel enemigo que caía en sus manos. Operó principalmente en Centroamérica, el mar Caribe y el lago Maracaibo, y fue insistentemente perseguido por España, que nunca consiguió darle caza. Sin embargo, tuvo una muerte igual de violenta que sus terribles torturas al ser capturado por una tribu de indígenas que finalmente lo mató en un ritual.

Francis Drake
(1540 - 1596)

Este corsario inglés fue uno de los mayores enemigos de la Corona española. Con la excusa de ser el **segundo hombre en dar la vuelta al mundo,** Drake asaltó numerosos navíos y puertos españoles, consiguiendo un enorme botín que se cree doblaba los ingresos anuales de la Corona inglesa, **¡todo un tesoro pirata!**

Bartholomew Roberts
John Roberts (1682 - 1722)

Galés, trabajó como marinero desde muy joven, hasta que el barco de transporte de esclavos en el que trabajaba fue asaltado por piratas y él decidió unirse a su tripulación.

A diferencia de otros piratas, Bartholomew Roberts era un hombre **inteligente, piadoso** y muy **organizado,** cualidades que le ayudaron a convertirse en uno de los piratas con más éxito de todos los tiempos.

Además fue uno de los creadores del *Código del pirata,* que fijaba las normas y castigos impuestos a bordo del barco.

William Kidd
(1655 - 1701)

Fue marinero, pirata y corsario, y famoso por la crueldad con la que trataba a sus hombres.

Fue perseguido por sus delitos de piratería y encarcelado durante un año, hasta que lo **condenaron a morir en la horca.** Tras su muerte, su cuerpo permaneció expuesto a orillas del río Támesis durante tres años como aviso a futuros piratas.

Barbanegra
Edward Teach (1680 - 1718)

Es, quizá, el pirata más famoso de la historia. Tenía un aspecto aterrador, con **dos metros de altura** y una espesa **barba negra** decorada con mechas de cañón para asustar a sus rivales.

Se hizo famoso cuando asaltó un importante navío inglés en las islas de Barlovento. Tras asesinar a toda la tripulación y quemar el barco, otro buque inglés zarpó enseguida para dar caza a Barbanegra pero este también fue derrotado por el pirata.

La noticia llegó a todas partes, lo que convirtió a Barbanegra en el hombre **más buscado,** pero también el más temido.

Mary Read
(1690 - 1721)

Desde pequeña, Mary creció haciéndose pasar por su hermano, por lo que siempre vistió y actuó como un hombre. Así, pudo alistarse como marinero y luego como soldado del ejército inglés. Durante una travesía, su barco fue asaltado por los piratas **Jack Rackham y Anne Bonny,** y Mary se pasó a la piratería.

Durante los ataques se presentaba vestida de hombre, y guardó su identidad en secreto hasta que fue apresada y condenada a muerte. Fue ahí cuando reveló que realmente **era una mujer** y que además estaba embarazada, motivo que le salvó la vida.

Amaro Pargo
Amaro Rodríguez-Felipe y Tejera Machado (1678 - 1747)

Es posiblemente el **corsario español** (era canario) más famoso de la historia. Su labor como comerciante, dominando la ruta entre Cádiz y el Caribe, le llevó a atacar a navíos enemigos de la corona española con el fin de proteger sus mercancías y, de paso, aumentar sus posesiones.

Henry Morgan
(1635 - 1688)

Otro **corsario inglés** conocido por agrandar los territorios del Imperio británico mediante el saqueo de barcos y tierras españolas.

Se dice que **saqueó más de 400 barcos** durante su vida como pirata, pero su gran hazaña fue capturar la ciudad de Panamá con una flota de 37 navíos y unos 2000 hombres.

Zheng Shi
Shi Yang (1775 - 1844)

Comenzó sus andanzas en la piratería tras casarse con el también pirata Zheng Yi. Tras la muerte de su marido, Zheng Shi tomó el control de su confederación pirata, que llegó a tener **40 juncos,** y hasta **60 000 hombres** bajo su mando.

Grandes TESOROS PIRATAS

¿Quién no ha soñado con encontrar un antiguo mapa, de esos con una gran cruz roja marcando el lugar en el que supuestamente alguien escondió un enorme tesoro pirata?

Muchos investigadores, exploradores y cazadores de recompensas han buscado sin descanso los tesoros ocultos de algunos de los piratas más famosos de la historia.

La mayoría solo los conocemos a través de viejas leyendas y muy pocos han sido hallados, lo cual es toda una suerte para los que aún albergamos la esperanza de descubrir uno.

¡Aquí tienes algunos de los tesoros más importantes de la piratería!

El tesoro del capitán Kidd

Se cuenta que el capitán William Kidd dejó enterrado **un gran tesoro** antes de ser ejecutado.

Algunos creen que lo enterró en la isla de Gardiners, frente a Long Island, otros en la isla de Yokoate, al sur de Japón. Sin embargo, su paradero sigue siendo todo un misterio.

¿Serás tú su gran descubridor?

El tesoro de Amaro Pargo

El corsario canario acumuló una enorme cantidad de riquezas a lo largo de sus años de saqueador.

A su muerte, corrió la voz de que un gran cofre con oro y joyas se encontraba **escondido en su casa.** Por ello, muchos saqueadores asaltaron la propiedad en busca del tesoro. Sin embargo, nunca nadie encontró una sola moneda.

¿Lo habrá escondido demasiado bien?

CASA DEL PIRATA AMARO PARGO

El tesoro de Henry Morgan

El gran corsario Morgan fue autor de **cientos de asaltos** y saqueos a otros barcos en nombre de la Corona inglesa. Sin embargo, lo acusaron de traición y fue llevado de vuelta a Inglaterra para ser juzgado.

Ante el temor de perder su tesoro, enterró una parte en alguna isla del Caribe, pero aún se desconoce su paradero.

¿Te animas a buscarlo?

El tesoro maldito de Moctezuma

A su llegada a México, el conquistador Hernán Cortés y sus hombres se toparon con Moctezuma Xocoyotzin, emperador del Imperio mexica. Este los acogió en el palacio de su padre, y allí encontraron un enorme tesoro lleno de **oro, piedras preciosas** y otras riquezas.

Por supuesto, Cortés intentó hacerse con el tesoro pero, cuando volvió a por él, este ya no estaba. Es muy probable que los mexicanos lo escondieran, pero su paradero es todavía un gran misterio.

¿Será que nunca existió?

El oro de Barbanegra

Otro de los tesoros más buscados por los exploradores es el oro del temible capitán Barbanegra.

En 1996, su barco, The Queen Anne's Revenge, fue encontrado en la **costa de Virginia,** pero solo hallaron en él un puñado de monedas, por lo que el paradero del auténtico tesoro es aún un enigma.

«Mi tesoro yace en un lugar que solo yo y el diablo conocemos».

El tesoro de Lima

Este fue otro de los grandes tesoros que los conquistadores españoles consiguieron confiscar en Perú. Cuando se encargó al capitán **William Thompson** transportar el botín hasta México, él y su tripulación **decidieron convertirse en piratas** y se hicieron con el tesoro. Navegaron hasta la Isla del Coco y allí lo enterraron, con el objetivo de volver a buscarlo.

Sin embargo, excepto Thompson y su primer oficial, todos fueron ahorcados por piratería. Para evitar la muerte, los dos prometieron llevar a los españoles hasta el tesoro, pero cuando estaban en la isla, escaparon.

¿Conseguirían volver a por él?

El tesoro de Whydah Gally

El tesoro del pirata Sam Bellamy fue otro de los más buscados hasta que, en 1984, consiguió encontrarse el lugar en el que su barco se había hundido. Su tesoro estaba compuesto por **más de 200 000 piezas,** entre las que había joyas, mosquetes, cañones y cientos de monedas.

¡Todo un tesoro pirata!

Un NAVÍO A LA ALTURA DEL PIRATA

Si cierras los ojos y te imaginas cómo sería un buen barco pirata, seguro que piensas en un gran navío, lleno de cañones y velas por todas partes, ¿verdad?

Pues bien, un buen barco pirata no se parece en nada a eso. Debe ser ligero y de ágil maniobra, pasa así poder tomar por sorpresa a los grandes galeones que transportaban las mercancías, o huir hacia aguas menos profundas cuando la ocasión lo requería.

Todo buen barco pirata constaba de:

Cofa

Palo de trinquete

Velas
Sirven para dar **velocidad** y **enfoque** al rumbo del barco y así alcanzar a las otras embarcaciones.

Cubierta
Plataforma de madera que cubre el casco del barco.

Proa
Parte **delantera** del barco.

Cañones
Se ubicaban en los camarotes, desde donde la tripulación podía controlarlos.

Casco
Es la parte de **madera flotante,** en donde se encuentran las distintas habitaciones del barco.

Bodega
Lugar en el que se almacenaban todas las provisiones para el viaje.

Babor
Es el **lateral izquierdo** del barco, mirando hacia la proa.

Bandera
Muy útil para avisar y así **asustar** a sus presas antes del asalto.

Palo de mesa

Popa
Parte **trasera** del barco.

Palo mayor
Este es el **palo central** del barco, sobre el que se sostienen las velas y la cofa.

Camarote principal
Es el camarote del **capitán,** siempre en lo alto del barco.

Estribor
Es el **lateral derecho** del barco si miramos hacia la proa.

Camarotes
Dormitorios de la tripulación. Dormían en **hamacas** repartidas por el barco.

Timón
Es el mecanismo que controla el **rumbo** del barco. Normalmente era el capitán el encargado de manejarlo.

Santabárbara
Espacio destinado a almacenar la **pólvora.**

21

¿Quién VIVE AHÍ?

El barco era el hogar de los piratas y cada uno tenía su labor en él. Juntos trabajaban para que todo fuese viento en popa.

Quizá pienses que todos los tripulantes escogían ser piratas; sin embargo, algunos, especialmente los que tenían los trabajos más desagradables, estaban a bordo por la fuerza.

Muchas veces, tras el asalto a otro barco, los piratas tomaban a los supervivientes como rehenes y les ofrecían salvar su vida a cambio de unirse a la tripulación, normalmente como limpiadores de cubierta

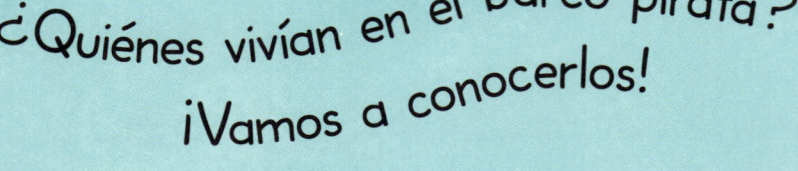

Marinero

Tenía que seguir todas las órdenes de sus superiores y trabajar **en equipo.**

Contramaestre

Manejaba las maniobras y faenas del barco y dirigía y cuidaba de la marinería, así como de las **provisiones.**

Artillero

Estaba encargado de manejar los cañones y de cuidar la munición. Sabía mucho de **armas** y **pólvora.**

¡CUIDADO!
¡UN DESCUIDO PODÍA HACER SALTAR EL BARCO POR LOS AIRES!

Cirujano

Se encargaba de atender a los **enfermos** y **heridos** a bordo. Curaba las heridas de los combates y se ocupaba de las numerosas enfermedades que solían tener los piratas.

Timonel

Era el pirata **más leído** del barco. Debía saber de cartografía, geografía e incluso meteorología, y actuaba como consejero del capitán.

Carpintero

Se encargaba de realizar todas las **reparaciones** que se requiriesen en el barco.

Primer oficial

Mano derecha del capitán. Debía ser un **marinero experto.** Se encargaba de hacer cumplir las leyes del barco.

Capitán

Era el **jefe del barco** y tenía su propio camarote. Era elegido por votación por lo que, si no era buen capitán, podían elegir a otro.

Cocinero

Aunque no había un cocinero experto, uno de los piratas era el encargado de **preparar las comidas.**

Limpiacubiertas

Solían ser **rehenes** tomados por la fuerza durante los asedios o en los puertos. Se encargaban de tener las cubiertas limpias.

23

LAS CUALIDADES DE UN BUEN PIRATA

La vida pirata estaba llena de imprevistos, por lo que no todo el mundo valía para ella.

Solo unos pocos valientes tenían el coraje y la ambición suficientes para convertirse en piratas.

Estas son las cualidades que se necesitan para ser un buen pirata:

Tener pocos escrúpulos

Un buen pirata podía deshacerse sin miramientos de cualquiera que se interpusiera en su camino, por lo que la piedad y la empatía no son buenas cualidades.

Tener espíritu aventurero

Los piratas vivían el presente sin pensar en lo que podría pasar mañana, buscando qué barco o poblado asaltar e improvisando sobre la marcha.

¡Siempre en busca de aventuras!

Ser valiente

El coraje y la valentía son imprescindibles para afrontar los asaltos y las peleas constantes.

¿Te imaginas a un pirata miedica, escondido mientras los demás asaltan un barco?

Ser ambicioso/a

El deseo de fortuna es el motivo principal para querer ser pirata. Todos querían hacerse ricos de un modo rápido y fácil, es decir...

... ¡robando las riquezas de otros!

Derrochar la fortuna

Muchos piratas despilfarraban sus botines en divertimentos varios.

¡Les encantaban los juegos de cartas!

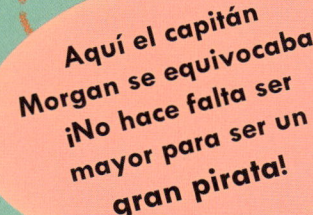

Aquí el capitán Morgan se equivocaba. ¡No hace falta ser mayor para ser un gran pirata!

Ser disciplinado/a

Para que el barco funcionase correctamente, cada uno de los tripulantes debía cumplir con sus obligaciones. De lo contrario, todo era un caos y no lograban su máximo objetivo:

¡hacerse con un gran botín!

El CÓDIGO PIRATA

Para lograr mantener el orden, los piratas se regían por una serie de **normas y sus correspondientes castigos** a quienes las rompieran. Aunque cada barco pirata tenía sus propias leyes, se hicieron muy famosas las que el capitán Bartholomew Roberts y su tripulación firmaron para mantener el orden y ser justos con los castigos.

Es el famoso código de conducta pirata y dice lo siguiente:

CÓDIGO DE CONDUCTA PIRATA

I Todo pirata tiene voto y derecho a la comida.

II El botín se repartirá entre todos, pero si alguno roba, aunque sea una sola moneda, se le abandonará en una isla desierta.

III No se puede apostar dinero en juegos de cartas o dados.

IV Las luces se apagarán a las ocho, y no se podrá seguir bebiendo en los camarotes.

V Mantén las armas limpias y siempre listas para la batalla.

VI No se permiten niños en el barco.

VII Abandonar el barco o esconderse durante una batalla será castigado con el destierro o la muerte.

VIII No están permitidas las peleas a bordo. Se solventarán en tierra y ganará el que primero consiga la sangre de su oponente.

IX Ningún pirata puede abandonar esta vida sin aportar mil libras al fondo común.

X El botín será repartido de la siguiente manera: el capitán y el intendente reciben 2 partes; el maestre, contramaestre y el cañonero una parte y media; y el resto, una parte y cuarta.

XI Los músicos descansarán el sábado.

XII Si surge un motín, en caso de que el capitán sobreviva, los responsables serán castigados con la muerte.

LA VIDA A BORDO DEL BARCO

¿Alguna vez te has preguntado qué hacían los piratas cuando no estaban asaltando, robando o escondiendo sus botines? ¿Tendrían algún *hobby*?

Los piratas se jugaban la vida para conseguir un buen botín, pero, aunque te parezca sorprendente, eran personas muy **organizadas.** Seguían a rajatabla las órdenes de sus superiores y cumplían con su trabajo en el barco (cuando no estaban atacando algún galeón cargado de oro).

El barco pirata funcionaba como una **democracia** en la que los líderes eran elegidos por **votación.** Del mismo modo que un capitán era escogido por el resto de la tripulación, este privilegio podía arrebatársele si no lo hacía bien y entonces elegían a otro en su lugar.

LA VIDA A BORDO DEL BARCO SE HACÍA ENTRE LAS DIFERENTES CUBIERTAS, EN DONDE CADA PIRATA TENÍA SU FUNCIÓN.

¡Todo sea por el buen funcionamiento del barco!

¡Sí, mi capitán!

El capitán hacía **cumplir las normas,** castigando a los que se las saltaban. Algunos actos, como robar o protestar al capitán, estaban tan castigados que la pena podía ser el destierro e incluso la muerte.

¡Leven anclas!

Entre las **tareas diarias** de la tripulación se encontraban: izar las velas, colocar y atar los cabos, mantener las cubiertas limpias, reparar velas, cuerdas y cualquier otro desajuste, y otras faenas cotidianas.

¡Hora de comer!

Se servían dos comidas diarias: la primera, bien temprano, consistente en duras **galletas de pan,** y la segunda a mediodía, normalmente el **plato caliente.**

¡A descansar!

En sus ratos libres, los piratas pasaban el tiempo con **juegos de cartas** o dados. A menudo, el juego terminaba en pelea.

La DIETA PIRATA

Durante la edad de oro de la piratería no existían los congeladores, las latas de conservas ni el envasado al vacío. Por ello, la dieta de los piratas se basaba en **alimentos que pudiesen aguantar** en buen estado varias semanas, lo cual limitaba un poco su menú.

¡Vamos a conocer el menú de un pirata!

Carne seca

La **carne curada en sal** era la principal fuente de proteínas, ya que la carne fresca se estropeaba con rapidez y no podía almacenarse en las travesías largas.

Galletas de pan

Eran unas **galletas muy secas** y duras que podían aguantar semanas, incluso meses, en el barco. En ellas vivían todo tipo de gusanos que los piratas tenían que apartar antes de poder comérselas.

No les gustaban demasiado.

Pescado y tortuga

En algunas zonas era muy fácil pescar, por lo que no faltaban el **pescado** y la **sopa** y los **huevos de tortuga** en la mesa de un pirata.

Gallinas y huevos

Muchas islas tenían **gallinas salvajes** que los piratas cazaban y cuidaban en jaulas. De este modo podían tener **huevos** y **carne fresca**.

¡Todo un lujo en alta mar!

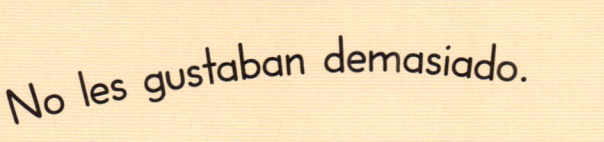

Ratas

¡Sí, has leído bien! Cuando los alimentos escaseaban en el barco, los piratas podían **comerse hasta las ratas** que corrían por los camarotes.

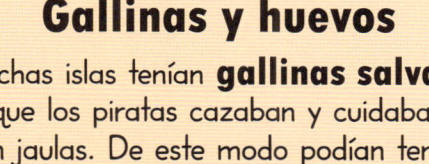

Y AHORA...
¡CONVIÉRTETE EN PIRATA!

Ahora que ya conoces todos los secretos de la vida pirata, llegó el momento de convertirte en uno de ellos.

No basta con ser un buen pirata, también hay que parecerlo. Para ello, necesitarás buscar un atuendo digno de un auténtico capitán corsario.

Al comienzo de la travesía, los piratas no solían tener mucha ropa. Normalmente **viajaban solo con lo puesto.** El resto de las prendas las iban consiguiendo de las personas a las que asaltaban. Esto hacía que su aspecto fuese de lo más pintoresco.

Sigue el consejo de estos piratas y rebusca entre la ropa vieja de tus padres, tíos o abuelos. ¡Seguro que das con alguna prenda ideal para tu atuendo pirata!

Así es como vestían los auténticos piratas durante la edad dorada de la piratería, cuando surcaban los mares del Caribe buscando algún galeón al que asaltar.

¡Vamos a conocer el vestuario de un pirata!

Sombrero

Imprescindible cuando el calor se volvía insoportable. Podía estar adornado con plumas y remaches.

Chaleco

Muy útil para luchar contra las inclemencias del tiempo. Mejor si era de **cuero,** ya que ayudaba a mantenerse seco y era muy duradero.

Calzas

Eran unos pantalones muy **holgados** para facilitar el movimiento.

Calzado

Zapatos **bajos** o con poco tacón, muchas veces cerrados por una hebilla.

¿Qué pasa con las botas?

No solían usarlas porque **daban mucho calor** y no era fácil moverse con ellas.

¡Mejor un zapato bajo!

Pañuelo

Tanto en el cuello como en la cabeza, eran muy útiles para **secar el sudor** que les corría por el rostro.

Camisa

Era **holgada** y **abierta** en el pecho. Además, podían tener las **mangas abullonadas** y los puños ajustados, y llevar **volantes.**

¡Toda una extravagancia!

Cinturón o fajín

Ayudaba a mantener los **pantalones bien sujetos.** ¡Recuerda que en el siglo XVII aún no se habían inventado ni la goma elástica ni las cremalleras!

Casaca

Se utilizaba en caso de **mal tiempo** y podía ser muy llamativa, con vistosos colores y estampados, ¡si el pirata había conseguido despojar a algún noble de ella!

¿Y las joyas?

Solían sacarlas en tierra para **presumir,** pero no las llevaban a bordo. ¡No son nada prácticas para trabajar!

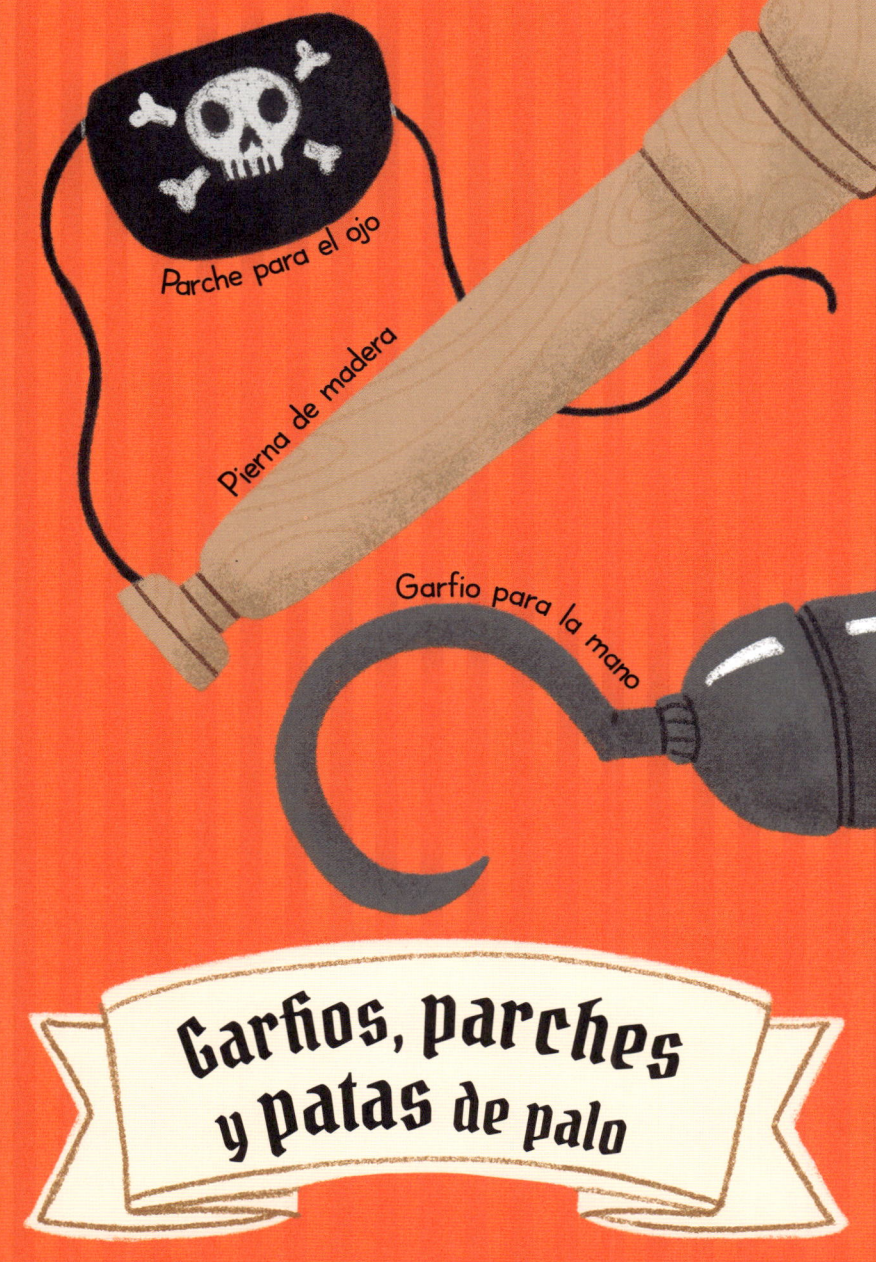

Parche para el ojo

Pierna de madera

Garfio para la mano

Garfios, parches y patas de palo

Si eres un gran fan de los piratas, seguro que te estás preguntando dónde están los parches para tapar **ojos perdidos,** las **patas de palo** y los **garfios,** ¿verdad?

Pues, aunque puedan resultar elementos aterradores en el aspecto de un pirata, carecer de un miembro era un gran impedimento para poder continuar en esta profesión. Imagínate tener que correr por la cubierta con una pierna de madera, o disparar un mosquetón con un garfio por mano. Complicado, ¿no crees?

Cuando un pirata perdía algún miembro en combate, recibía una compensación por su pérdida, pero lo más probable era que ya no quisieran contar con él y tuviera que volver a tierra y buscarse otro trabajo.

¡Qué dura era la vida pirata!

Prepárate para la Travesía

A los piratas no les gustaba demasiado bañarse, por lo que no solían llevar jabón en su equipaje, pero había muchas otras cosas que necesitaban preparar antes de embarcarse en una nueva aventura.

Antes de emprender un viaje, toda la tripulación del barco se reunía para planear cuál sería su siguiente destino. Además, necesitaban acordar las normas a bordo, las provisiones, las funciones de cada miembro...

Esto es todo lo que debes preparar antes de emprender tu gran aventura:

1 Elige a los líderes.

Las comunidades piratas son **democráticas,** por lo que se elegirá mediante el **voto** quién será el capitán, el primer oficial y el resto de los puestos de responsabilidad.

2 Establece las reglas del barco.

Redacta las **normas** a bordo y los **castigos** que se impondrán a todo aquel que las incumpla.

3 Acuerda el reparto del botín.

Deja por escrito qué **parte del botín** se llevará cada uno. Así evitarás discusiones a la vuelta.

Un nombre muy pirata

Muchos piratas eran conocidos por un apodo, es decir, un nombre pirata.

Si tú también quieres ser un auténtico pirata, necesitarás un nombre a la altura. Aquí tienes un juego para encontrar tu nombre pirata. Solo necesitas tu fecha de nacimiento.

¡Descubre cuál es tu nombre pirata!

Selecciona tu mes de nacimiento:

Enero	BALA
Febrero	CAPITÁN/A
Marzo	PATA
Abril	EL/LA TERRIBLE
Mayo	CORSARIO/A
Junio	BARBA
Julio	GARFIO
Agosto	CAZADOR/A
Septiembre	PERRO
Octubre	FORAJIDO/A
Noviembre	EL/LA SANGUINARIO/A
Diciembre	OJO

Suma las cifras del día de tu cumpleaños:

1	DE LOS MARES
2	INDOMABLE
3	VELOZ
4	PERDIDO/A
5	DE ACERO
6	AFILADO/A
7	INCANSABLE
8	DE LA ISLA
9	BARBUDO/A
10	TEMIBLE
11	MALOLIENTE
12	OSADO/A

5 Prepara las armas y la munición necesarias.

Recuerda tener el **arma limpia** y lista para disparar en cuanto sea necesario.

4 Consigue la comida y la bebida.

Es muy probable que te pases semanas sin volver a puerto, por lo que la comida debe ser suficiente para todo el viaje y, lo más importante, **¡no perecedera!**

6 Escoge el vestuario

Seguramente no puedas cambiarte de ropa en todo el viaje, así que escoge un **atuendo cómodo.** Mejor evita los pantalones ajustados y las camisas que piquen.

Un **nombre** para el **barco**

Ahora que ya tienes tu propio nombre pirata, llegó el momento de que escojas uno para tu barco. Al igual que el nombre de un pirata, el barco debe infundir temor y respeto en el adversario.

Inspírate en los barcos piratas más famosos de la historia para crear un original nombre para el tuyo.

Adventure Galley
(galera de aventuras)
William Kidd

The Golden Hind
(la cierva dorada)
Francis Drake

Sudden Death
(muerte súbita)
John Derdrake

Royal Fortune
(fortuna real)
Bartholomew Roberts

Queen Anne's Revenge
(venganza de la reina Ana)
Barbanegra

¡Así HABLA un PIRATA!

Seguro que alguna vez habrás oído la expresión: «¡Ah del barco!», pero ¿sabes qué significa y para qué la utilizaban los piratas?

Al igual que el resto de los marineros, los piratas utilizaban palabras y expresiones propias para referirse a objetos cotidianos, acciones concretas o para humillar a los adversarios.

Muchas de ellas, especialmente las palabras que hacen referencia a aspectos técnicos, sabemos con certeza que eran empleadas por los auténticos piratas que surcaban las aguas caribeñas. Otras son fruto de las leyendas y la literatura. Sea como sea, hablar como un pirata te hará parecer uno de ellos.

Prepara la garganta para entonar, porque...

¡... vamos a conocer el auténtico lenguaje de los piratas!

Flota

El **conjunto de barcos** bajo el mando de un capitán, ya que los piratas solían viajar en un grupo de varios barcos.

Pillastre

Persona que **engaña,** de la que uno no se debe fiar.

Botín

Es el conjunto de los valiosos **bienes robados** por los piratas.

Ponche

Líquido resultante de mezclar distintas **bebidas.**

Echar un trago

Tomar una o varias **bebidas.**

Doblón

Moneda de oro española.

Canalla

Persona que actúa de manera vil, **cobarde** o despreciable.

Barrenar

Agujerear el casco de un barco para hundirlo.

Bajar la bandera

Admitir la **derrota.** Representa la bajada de la bandera del mástil.

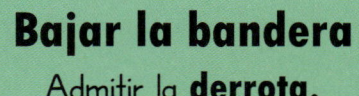

Además de su curioso vocabulario, los piratas utilizaban **expresiones propias** para indicar los diferentes trabajos que había que realizar en el barco, referirse a otras personas o, simplemente, para maldecir cuando estaban de mal humor.

¿Te atreves a incluirlas en tu vocabulario?

ALMIRANTE DE LAVANDERÍA

Marinero muy malo.

¡AH!

Saludo del pirata al resto de la tripulación.

¡ABRAN PASO!

Se usa para despejar un camino abarrotado y así poder pasar rápidamente.

¡POR LAS BARBAS DE NEPTUNO!

Expresa sorpresa ante un acontecimiento inesperado.

¡LOS MUERTOS NO HABLAN!

Los piratas no dejan con vida a los testigos de sus fechorías.

¡TIERRA A LA VISTA!

Se emplea para avisar a la tripulación de que la tierra está cerca.

¡AH DEL BARCO!

Llamada de atención cuando te cruzas con otro barco.

Ahora que ya conoces la jerga pirata, hay algunas cosas que debes tener en cuenta para que **tu voz** suene como la de un auténtico pirata del Caribe.

Frunce el ceño para conseguir una expresión amenazante.

Pon una voz grave y áspera, como si llevases días sin beber agua y te picase la garganta.

Comete algún error. Los piratas solían meter la pata con algunas palabras.

Habla entre dientes y arrastrando las palabras. Incluso puedes juntar varias palabras en una sola.

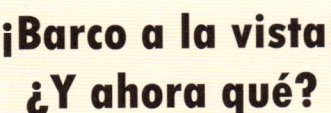

¡Ah del barco!
HORA DEL
ABORDAJE

Ahora que el barco ya está cargado y el destino escogido, ¡llegó la hora del ataque!

Recuerda que el objetivo es conseguir el mayor botín posible, por lo que hay que tener cuidado de no destrozarlo todo durante el ataque.

¡Barco a la vista! ¿Y ahora qué?

Una vez que los piratas visualizan su objetivo, van a por él sin contemplaciones. Pero, a pesar de lo que puedas creer, no se lanzan a los cañones nada más empezar, pues no quieren destrozar el otro barco o parte del posible botín.

Por eso, su mayor arma es **el miedo.** El aspecto de un buen pirata tiene que ser tan aterrador que consiga que las víctimas se rindan nada más verlos aparecer.

De este modo, se ahorran la lucha.

¿Y si no se rinden?

En caso de un contraataque, los piratas **luchan sin piedad.** Son auténticos maestros de las armas, desde las más pequeñas, como dagas y pistolas, hasta los enormes cañones.

Como antiguamente las armas eran de un solo tiro y no podían cargarlas en medio de la batalla, las utilizaban como **porras** para atizar a todo aquel que opusiera resistencia.

Los bucaneros eran grandes tiradores. Disparaban sus mosquetes a larga distancia con muy buena puntería.

El arma final

Aunque parezca sorprendente, los piratas no son muy amigos de utilizar **los cañones,** ya que estos provocan demasiados estragos en el barco que van a capturar, pero, si no les queda más remedio, dispararán.

¡La victoria es lo más importante!

Y el botín, claro.

Algunos trucos de pirata

Los piratas se daban mucha maña para asustar a sus víctimas antes de empezar la lucha. Para ello, utilizaban algunos trucos muy curiosos.

¡Vamos a conocerlos!

La **bandera pirata** era el primer aviso de que se acercaba el peligro.

Su **apariencia salvaje,** con largas melenas, barbas descuidadas y varios agujeros entre sus dientes, era aterradora.

Empleaban **bocinas** para ampliar el sonido de su voz y así sonar aún más terribles.

Lanzaban chinchetas a la cubierta del barco para que los marineros, que normalmente iban descalzos, se pincharan los pies y no pudieran combatir.

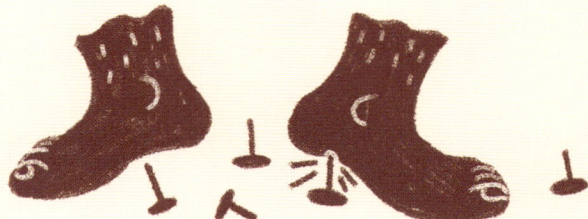

Iban **armados hasta los dientes.** Solían tener una gran colección de armas que habían conseguido en otros asaltos. Muchos se rendían solo con verlas.

Un gran botín

Los piratas robaban de todo: comida, armas, oro, ¡incluso personas! Sin embargo, algunos objetos les gustaban más que otros. ¿Te imaginas cuáles pueden ser?

> COMIDA Y OTROS UTENSILIOS QUE PUDIESEN LUEGO VENDER.

> EL PROPIO BARCO.

> TODO TIPO DE ARMAS.

> JOYAS Y PIEDRAS PRECIOSAS.

> DINERO, YA FUESEN MONEDAS DE ORO, PLATA O CALDERILLA.

MANTENER EL TESORO A BUEN RECAUDO

¿Cuántas veces has oído hablar de los grandes tesoros que los piratas escondían en lugares remotos y salvajes con la esperanza de poder ir a buscarlos más adelante? Resulta fascinante imaginar que algunos de esos tesoros siguen escondidos hoy en día, esperando a ser descubiertos, ¿verdad?

Aunque seguramente las historias sobre grandes tesoros enterrados no sean más que un mito alimentado por siglos de leyendas, nunca está de más saber cómo mantener el botín a buen recaudo.

Sigue estas indicaciones para esconder tu tesoro pirata. ¡Así nadie podrá dar con él!

1 Elige un lugar tranquilo

Lo ideal sería una isla desierta, sin habitantes y de difícil acceso, pero como es complicado encontrarla hoy en día, algún **rincón secreto** de tu jardín o un bosque próximo serán perfectos.

2 Cava un agujero

Para este paso necesitarás una pala. Y recuerda que, cuanto más **profundo** sea el agujero, más difícil será para los demás encontrarlo.

3 Mete el tesoro en un cofre

Es muy importante que el botín esté dentro de un **cofre** que lo mantenga fuera del alcance de los bichos y el agua. Si no tienes un cofre a mano, una **caja de lata** o un **frasco de cristal** serán perfectos.

4 Entierra tu botín

Introduce el tesoro en el agujero y **cúbrelo** bien con tierra. Intenta dejar el lugar lo más parecido posible a como estaba antes. De este modo evitarás levantar sospechas.

5 Dibuja un mapa

Para recordar dónde escondiste tu botín, te vendrá muy bien dibujar un **mapa del tesoro**.

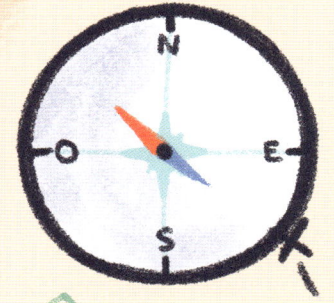

El mapa del tesoro

Es muy probable que el tesoro que has escondido tenga que permanecer enterrado durante mucho tiempo hasta que puedas volver a buscarlo. Para ello, un mapa del tesoro te será de gran utilidad.

¡Sigue estos pasos para crear un auténtico mapa pirata!

NECESITAS:

Hoja grande de papel
Tacita de café
Pincel
Ceras de colores
Un trozo de cuerda

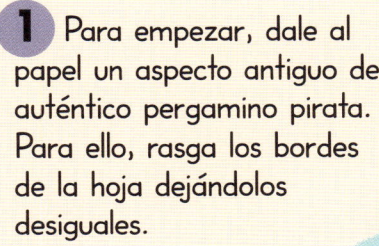

1 Para empezar, dale al papel un aspecto antiguo de auténtico pergamino pirata. Para ello, rasga los bordes de la hoja dejándolos desiguales.

2 A continuación, pinta el papel con el café utilizando el pincel. Déjalo secar durante toda la noche.

3 Dibuja el plano del lugar en el que enterraste el tesoro. Si dibujas algunos objetos característicos, como un gran árbol o las rocas cercanas, será de gran utilidad.

¡RECUERDA ESCONDER BIEN EL MAPA PARA QUE NADIE, EXCEPTO TÚ, PUEDA ENCONTRARLO!

GRAN GUARIDA PIRATA

MONTE DE LA MUERTE

BOSQUE TENEBROSO

4 Pon nombres en clave a los lugares por los que tendrás que pasar. Por ejemplo, si sales de tu casa, podrías llamarla «la gran guarida pirata». De este modo confundirás a los curiosos.

5 Por último, marca la ruta y el lugar en el que has escondido tu tesoro con una cruz. Luego enróllalo y átalo con la cuerda.

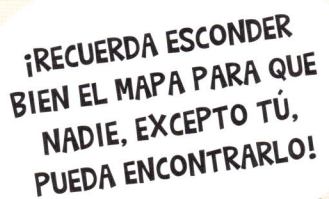

¡Tierra a la vista!

Una vez conseguido su objetivo y con el barco lleno de tesoros, llega el momento de celebrar la victoria.

A los piratas les encantaba visitar los puertos para poder gastarse el botín, presumir de joyas y pasárselo en grande contando anécdotas en las tabernas. Sin embargo, no perdían el tiempo. Además de descansar, en el puerto se ocupaban de muchas otras cosas.

¡Vamos a conocerlas!

Visitar la taberna

Las tabernas eran, sin lugar a dudas, los **lugares favoritos** de los piratas cuando estaban en tierra. Allí podían celebrar la gran hazaña, presumir de botín y entretener a los lugareños con sus aventuras.

Algunos piratas eran muy presumidos.

Reclutar a nuevos piratas

En los puertos siempre había personas que, fascinadas por sus historias y los tesoros conseguidos, **se unían a la tripulación pirata.** Además, si no había voluntarios, siempre podían tomar a nuevos piratas por la fuerza.

¡Nadie se les resistía!

Hacer negocios

El puerto era el lugar perfecto para **vender o intercambiar la mercancía** que habían robado y que no les era útil en alta mar.

Hora de jugar

¡Tormenta!

Para este juego se necesitan al menos **seis piratas y un capitán.** También hojas de periódico o cartón que utilizaremos como islas en medio del mar.

Comenzaremos esparciendo por el suelo las hojas de periódico, que harán de islas. ¡Necesitaremos una menos que el número de participantes!

Mientras todo esté en calma, los participantes pueden **correr entre las islas,** navegando por el mar, pero cuando el monitor grite: **«¡Tormenta!»,** cada pirata irá corriendo a refugiarse en una isla. Aquel que no consiga una isla se habrá ahogado y tendrá que salir del juego.

A continuación, **retiramos una de las islas** y seguimos jugando hasta que solo queden dos participantes y una isla. El que se quede con la última isla será el ganador.

Más provisiones

En mitad de la misión era imposible conseguir nada que no fuese pescado o tortugas, por eso aprovechaban sus visitas a la costa para **hacerse con todo lo necesario** para la siguiente travesía.

¡MANOS A LA OBRA, PIRATA!

Si quieres parecer un auténtico pirata del mar Caribe, necesitarás incluir en tu equipaje algunos elementos imprescindibles en alta mar.

Hazte con todo el material necesario y ponte a trabajar, porque el barco está a punto de zarpar, marinero.

El cofre del tesoro

NECESITAS:

Caja grande de cereales · Cola · Agua · Pinturas acrílicas · Pincel
Papel de periódico · Tijeras · Botón · Goma elástica · Cinta adhesiva

1 Comienza dando forma al cofre con la caja de cereales. Para ello, recórtala como se indica en el dibujo (puedes pedir ayuda a un adulto). Luego pega la tapa con cinta adhesiva.

2 Para darle un aspecto más resistente, mezcla en un recipiente cola blanca y agua a partes iguales. Rasga también algunas tiras de papel de periódico.

3 Ve pegando las tiras de papel sobre el cofre hasta que este quede totalmente cubierto. Deja secar durante la noche.

4 ¡Llegó el momento de pintar el cofre! Si utilizas marrón y dorado, parecerá un auténtico cofre pirata.

5 Para terminar, pega con cinta un trozo de goma centrado en el interior de la tapa. Pega también el botón en la zona del cierre.

¡NO OLVIDES ESCONDERLO BIEN PARA QUE NADIE LO ENCUENTRE!

¿Garfio o mano?

NECESITAS (*):
Vaso desechable
Percha
Pistola de silicona
Punzón

1 Empezamos agujereando el centro de la base del vaso con la ayuda del punzón.

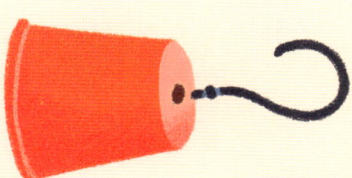

2 A continuación, desmontamos la parte metálica de la percha, que hará de gancho, y la introducimos en el vaso.

3 Pegamos bien el gancho al vaso con ayuda de la pistola de silicona. De este modo no se moverá.

4 Ahora solo tienes que introducir la mano dentro del vaso.

¡Ya tienes un auténtico garfio pirata!

(*) Es necesaria la supervisión de un adulto.

Espada pirata

NECESITAS:
Cartón
Lápiz y tijeras
Papel de aluminio
Pegamento
Cuerda

1 Para empezar, dibuja la silueta de la espada sobre el cartón y recórtala con unas tijeras.

2 A continuación, cubre la parte de la hoja con el papel de aluminio y pégalo bien con pegamento.

3 Por último, envuelve la empuñadura con la cuerda y pega los extremos con pegamento.

¡Todo listo para la batalla!

La bandera del terror

NECESITAS:
Papel
Lápiz y tijeras
Cartulina negra
Pintura acrílica blanca
Esponja

1 Empieza dibujando la calavera pirata sobre el papel y recorta el interior. Así tendrás una plantilla.

2 A continuación, coloca la plantilla en el centro de la cartulina. Recorta también los agujeros de los ojos y la nariz.

3 Moja la esponja en la pintura blanca y pinta con ella sobre la silueta, con mucho cuidado de no mover nada.

4 Retira el papel y deja secar. Ahora solo tienes que pegar la bandera en la puerta de tu cuarto, y todos sabrán que están ante un lugar muy peligroso.

EXPERIMENTOS PARA PIRATAS CURIOSOS

¡Un tornado!

El mar puede ser imprevisible, y algunos fenómenos meteorológicos, como las tormentas eléctricas, la lluvia y los tornados pueden hacer que el barco pirata naufrague. Pero no necesitas estar en alta mar para ver un tornado.

¡Busca el material y crea tu propio tornado en casa!

NECESITAS:

2 botellas iguales · Agua
Colorante · Conector de botellas

1 Empezamos llenando una botella con agua hasta un 80% de su capacidad y añadimos unas gotas de colorante. La otra estará llena de aire.

2 Unimos las dos botellas con el conector.

3 Giramos las botellas, dejando el agua en la parte superior. ¡Verás que aquí el agua no se mueve!

4 Comenzamos a hacer movimientos circulares hasta conseguir que aparezca el tornado. Verás ahora cómo el agua baja por las paredes de la botella mientras el aire sube por el centro.

La brújula

Hace años no existían los móviles ni los sistemas de navegación modernos, por lo que los piratas necesitaban otros aparatos para poder orientarse en el mar. La brújula era imprescindible para seguir el rumbo hacia su destino.

¡Crea esta brújula casera!

NECESITAS (*):

Tapón de corcho · Recipiente con agua
Aguja · Imán · Cúter

1 Lo primero será imantar la aguja. Para ello, cógela con cuidado y frota la punta con el imán de atrás hacia delante.

2 Pide a un pirata adulto que te corte una rodaja de corcho con la ayuda del cúter.

3 A continuación, atraviesa el corcho con la aguja. ¡Ojo con no pincharte!

4 Coloca el corcho sobre el recipiente con agua. Verás que se mueve hasta indicar una dirección. ¡A un lado indicará el norte y al otro el sur!

(*) Es necesaria la supervisión de un adulto.

¡A refrescarse!

Los piratas del mar Caribe pasaban largas jornadas al sol.
A veces hacía tanto calor que estar en cubierta se volvía insoportable
y la escasez de agua no ayudaba a sobrellevarlo.

¡Un ventilador como este les habría venido como parche al ojo!

NECESITAS (*):

Vaso desechable
Goma elástica
Palillo
Tijeras
Punzón
Pegamento

1 Empezamos recortando el vaso tal y como se indica en el dibujo. Aprovecha el trozo restante para crear las aspas del ventilador.

2 Dóblalo y haz un agujero en el centro de la base con el punzón.

3 A continuación, corta dos trozos de palillo de unos 3 cm.

4 Introduce la goma por el agujero y coloca el primer palillo en medio para que no se salga. Luego pega las aspas.

5 Haz un nudo en la parte trasera de la goma e introduce el otro palillo

(*) Es necesaria la supervisión de un adulto.

¿Cómo funciona?

Para hacerlo funcionar, solo tienes que girar el palillo trasero. Verás cómo, en cuanto lo sueltes, las aspas comenzarán a girar generando una agradable brisa.

¡POR LAS BARBAS DE NEPTUNO! ¡PARECE COSA DE LOS DIOSES!

En BUSCA del TESORO

El temible pirata Barbanegra ha enterrado su gran tesoro en una isla perdida en el Pacífico.

Busca a uno o varios compañeros y adentraos en los peligros de la isla para dar con el botín.

¿Quién llegará primero?

El código del saqueador

Para comenzar, cada jugador tira el dado. Empieza aquel que saque el número más alto.

 Parece que el capitán Barbanegra ha perdido algunos doblones por el camino. Salta a la siguiente casilla de monedas y vuelve a tirar.

 Alguien te ha atacado con una bomba. Tendrás que dar marcha atrás y retroceder hasta la anterior casilla de bomba.

6 Alguien ha dejado unas chinchetas por el camino y se te clavan en los pies. Para poder seguir jugando tendrás que dar seis saltos a la pata coja, hasta que consigas deshacerte de ellas.

7 / 29 / 42 ¡Qué suerte la tuya! Podrás bajar las montañas a nado. Ve a la siguiente casilla por la que pasa el río.

14 Has dado con un atajo que te lleva directamente hasta la casilla 34.

19 Un volcán en erupción lo ha llenado todo de humo y no puedes ver. Tendrás que esperar un turno hasta que se disipe la humareda.

23 ¡Has encontrado el mapa del tesoro! Ve directamente a la casilla 37.

27 Parece que te has perdido. Espera dos turnos mientras consigues situarte.

34 Ten cuidado, el atajo te devuelve a la casilla 14.

41 Has caído en una trampa mortal, justo cuando estabas a punto de llegar al lugar señalado. Tendrás que volver a la casilla de salida.

1

2

3

4

25

26

24

40

23

22

17